Russian Conversation Practice

Volume 1

My Daily Routine in Russian

By

Irineu De Oliveira Jnr

Russian Conversation Practice

Copyright © 2014 Irineu De Oliveira Jnr

All rights reserved.

ISBN-13: 978-1499130461
ISBN-10: 1499130465

Russian Conversation Practice

CONTENTS

INTRODUCTION...2

УТРОМ ДОМА...3

ВОПРОСЫ 1 - УТРОМ ДОМА 4

В ВАННОЙ 6

ВОПРОСЫ 2 - В ВАННОЙ 11

НА КУХНЕ 14

ВОПРОСЫ 3 - НА КУХНЕ....................................15

ДОРОГА НА РАБОТУ 17

ВОПРОСЫ 4 - ДОРОГА НА РАБОТУ 22

НА РАБОТЕ 24

ВОПРОСЫ 5 - НА РАБОТЕ 28

ВЕЧЕРОМ 31

ВОПРОСЫ 6 - ВЕЧЕРОМ....................................33

VERB LIST 35

INTRODUCTION

This book is a new way of mastering vocabulary and verb in context in Russian.

If you are experiencing difficulty in expressing yourself in Russian, then this book is for you!

An innovative method of learning and practicing vocabulary and verbs in Russian.

PRACTICAL METHOD

In order to communicate effectively in another language, you don't need to know all the words of that particular language. You only really need to learn between 2000 to 3000 words - this is because the same words are constantly repeated. Think about it! Your daily routine is often the same – you wake up, eat, drink, work, sleep, have fun etc.

This book will enable you to MASTER the vocabulary, verbs and expressions used in these periods of your day mentioned above.

After reading this book, you will:

Master more than 185 commonly used verbs in context in Russian.

Master the main adverbs, prepositions, conjunctions, and phrases that only native speakers use.

Master more than 160 questions in Russian.

Master the 3000 unique words in Russian, enabling you to express yourself effortlessly.

Master the most important daily vocabulary and verbs in Russian.

Master the most important irregular verbs in Russian.

УТРОМ ДОМА

Мой день начинается в 7 часов утра. Будильник звонит и будит меня. Я нажимаю кнопку будильника и сплю дальше, пока он не зазвонит опять и так 30 минут. Потом я опять просыпаюсь, зеваю, потягиваюсь в кровати и произношу молитву. Я встаю и включаю свет. Я всегда заправляю постель, потому что думаю, что заправлять постель, когда встаёшь это важно. Чтобы заправить постель, я расправляю простынь и пододеяльник. Я складываю одеяло и покрывало и поправляю подушки. Я меняю простыни и наволочки минимум раз в неделю, обычно в субботу утром. Мой матрас ортопедический, такие матрасы подходят людям, у которых бывают боли в мышцах. К счастью, у меня нет болей в мышцах, но я люблю спать с комфортом, поэтому мой матрас не слишком мягкий. Полиуритановая пена с эффектом памяти принимает контуры тела и равномерно распределяет нагрузку по всей поверхности. Я думаю, это лучше, чем пружинный матрас. Но, вернёмся к распорядку моего дня. Заправив постель, я надеваю тапочки и иду умываться в ванную, не забывая выключить свет в комнате.

ВОПРОСЫ 1 - УТРОМ ДОМА

1. Во сколько вы просыпаетесь каждый день?

2. Заводите ли вы будильник?

3. Вы встаёте, когда звонит будильник или нажимаете на кнопку и спите ещё пять (5) минут?

4. Вы зеваете и потягиваетесь в кровати?

5. Вы молитесь, когда встаёте?

6. Вы заправляете постель, когда встаёте?

7. Считаете ли вы, что заправлять постель утром это важно?

8. Складываете ли вы одеяло и расправляете ли простыни и пододеяльник?

9. Как часто вы меняете постельное бельё?

10. Насколько мягок ваш матрас?

Russian Conversation Practice

11. У вас есть проблемы с позвоночником?

12. Комфортно ли вам спать ночью?

13. Включаете ли вы свет, когда встаёте?

14. Надеваете ли вы тапочки, когда встаёте?

15. Выключаете ли вы свет, когда выходите из

комнаты?

В ВАННОЙ

Иногда в 7 утра на улице ещё темно, поэтому я включаю свет в ванной. В ванной комнате я сначала удовлетворяю свои физиологические потребности. После туалета я нажимаю на кнопку слива, смываю и тщательно мою руки. Обычно я умываюсь тёплой водой, особенно зимой. Летом я умываюсь холодной водой, потому что это помогает мне быстро проснуться! Для лица я использую жидкое мыло, но иногда покупаю обычное мыло в супермаркете. Каждые два дня я принимаю утренний душ, но предпочитаю принимать ванну после работы, чтобы расслабиться. Обычно я принимаю ванну днём или вечером. Я чищу зубы специальной пастой, которая помогает предотвращать болезни дёсен, а так же отбеливает зубы! Я так же пользуюсь зубной нитью и ополаскивателем для рта. Каждые 3 месяца я меняю зубную щётку. В ванной комнате, я стараюсь не расходовать больше воды, чем нужно. Поэтому я закрываю кран, когда чищу зубы, потому что вода мне нужна только для того, чтобы намочить щётку и сполоснуть её в конце.

Мужской вариант

Я бреюсь через день или когда отрастает щетина. Я пользуюсь кремом для бритья и безопасной бритвой. Я не люблю электрические бритвы, они раздражают кожу лица. Я всегда бреюсь перед зеркалом, чтобы не порезаться! Я меняю лезвия бритвы, когда они затупляются. Для аккуратного бритья нужна острая бритва. Я использую лосьон после бритья, чтобы увлажнить кожу, хотя иногда он обжигает лицо.

Женский вариант

В ванной комнате я сначала пользуюсь туалетом, смываю, мою руки и умываюсь. Я умываюсь водой без мыла, потому что мыло сушит кожу. Затем я вытираю лицо и наношу стягивающее средство, закрывающее поры кожи лица. Для нанесения средства я использую ватный диск. После использования стягивающего средства, я наношу увлажняющий антивозрастной крем. Затем я делаю макияж. Сначала я наношу лёгкую основу под макияж с солнцезащитными фильтрами. Для нанесения основы я пользуюсь специальной губкой. Иногда, когда я ложусь спать поздно, у меня появляются тёмные круги под глазами, поэтому я использую корректор. Потом я подвожу глаза и брови, чтобы придать им выразительность. Так как у меня от природы тёмные длинные ресницы, я пользуюсь тушью только для вечернего макияжа. Для дневного макияжа я использую бледные румяна и блеск для губ. Затем я быстро сушу и укладываю волосы. Потом, перед тем как одеться, я наношу увлажняющий крем на всё тело и дезодорант подмышки. Я так же пользуюсь лёгким парфюмом. Раз в неделю я хожу в салон красоты на процедуру глубокой очистки кожи.

Версия Джека

После того, как я мою руки, умываюсь и бреюсь, я всегда вытираюсь чистым мягким полотенцем. Когда я принимаю ванну, я пользуюсь мылом, которое очищает, увлажняет и придаёт аромат коже. Я мою волосы шампунем против перхоти и пользуюсь кондиционером для сухих волос. Иногда, в зависимости от состояния волос, я пользуюсь кондиционером для жирных и ломких волос. Сначала я мою голову шампунем, затем тщательно смываю пену и наношу кондиционер, чтобы сделать волосы немного мягче. В ванной, я пользуюсь щёткой с длинной ручкой, чтобы вымыть спину; без этой щётки, я не смог бы достать до середины спины. Мне нравится принимать ванну, но иногда, когда я спешу, я принимаю душ. Я предпочитаю принимать ванну, потому что это помогает мне расслабиться. Я всегда стараюсь поддерживать чистоту в ванной комнате. Если пол мокрый, я вытираю его полотенцем и всегда кладу все вещи на свои места. Например, если рулон туалетной бумаги падает, я всегда вставляю его обратно в держатель для туалетной бумаги. Я всегда опускаю крышку унитаза перед тем, как смыть, чтобы предотвратить распространение бактерий и микробов. Я кладу зубную щетку и зубную нить на место в шкафчик на стене в ванной. В ванной комнате есть полка, куда я ставлю шампунь и мыло. Когда я заканчиваю все дела в ванной, я иду одеваться в спальню.

В СПАЛЬНЕ

В своей комнате я сразу иду к платяному шкафу, открываю его и выбираю, что надеть сегодня. Сначала, я выбираю чистое нижнее бельё. По понедельникам я всегда надеваю чёрные, серые или коричневые брюки. Я надеваю белую, голубую или розовую рубашку. Раз в неделю я чищу ботинки специальным кремом для кожаной обуви. Я редко глажу вещи перед тем, как надеть их, но когда глажу, я пользуюсь паровым утюгом и гладильной доской с хорошим покрытием, благодаря которому, одежда выглядит идеально отглаженной. Я так же надеваю галстук, подходящий к выбранному костюму. Я отдаю предпочтение ярким галстукам. Мой рабочий костюм обычно состоит из брюк, рубашки, пиджака или пальто, иногда я ношу жилет. Я надеваю ремень, подходящий по цвету к ботинкам, обычно чёрным или коричневым. Обычно я так же выбираю подходящие по цвету носки – чёрные или коричневые. Я одеваюсь, а потом расчёсываю волосы. Весь процесс одевания не занимает слишком много времени. Когда я уже одет, я наношу дезодорант и лосьон после бритья и иду на кухню завтракать.

Russian Conversation Practice

ВОПРОСЫ 2 - В ВАННОЙ

В ванной

1. Что вы делаете сразу, как входите в ванную?

2. Смываете ли вы за собой?

3. Моете ли вы руки после туалета?

4. Вы моете руки холодной или горячей водой?

5. Каким мылом вы пользуетесь?

6. Каким шампунем и кондиционером вы пользуетесь?

7. Вы принимаете душ или ванну?

8. Какой зубной пастой вы обычно пользуетесь?

9. Пользуетесь ли вы зубной нитью или ополаскивателем для рта?

10. Обычно утром вы принимаете душ или только умываетесь?

11. Как долго вы принимаете душ?

12. Экономите ли вы воду, стараетесь ли вы использовать меньше воды?

Для мужчин

1. Как часто вы бреетесь?

2. Вы пользуетесь безопасной или

электрической бритвой?

3. Аккуратно ли вы бреетесь?

4. У вас бывают порезы, когда вы бреетесь?

5. Пользуетесь ли вы лосьоном после бритья?

6. Пользуетесь ли вы дезодорантом после душа?

7. Кладёте ли вы на место зубную щётку и нить?

8. Где вы обычно храните зубную щётку?

9. Приводите ли вы в порядок ванную комнату после душа?

Для женщин:

1. Пользуетесь ли вы стягивающим средством?

2. Пользуетесь ли вы защитой от солнца каждый день?

3. Используете ли вы корректор для кругов под глазами?

4. Пользуетесь ли вы подводкой для глаз? А тушью?

5. Как часто вы пользуетесь губной помадой? А духами/ лосьоном после бритья?

6. Как долго вы сушите волосы феном?

7. Пользуетесь ли вы щипцами для выпрямления волос?

8. Как часто вы посещаете салон красоты?

9. Пользуетесь ли вы скрабом для кожи?

Мужчины и женщины:

1. Что вы обычно надеваете на работу /на вечеринку?

2. Гладите ли вы обычно свою одежду?

3. Когда вы гладите вашу одежду?

4. Всегда ли вы пользуетесь гладильной доской?

5. Вы пользуетесь расческой или щёткой для волос?

НА КУХНЕ

Обычно мой завтрак состоит из фруктов и мюсли с молоком. Сначала я насыпаю мюсли в чашку, потом открываю холодильник, достаю молоко и наливаю в мюсли. Я кладу два ломтика хлеба в тостер, затем достаю сливочное масло из холодильника и, когда тосты готовы, я намазываю масло на каждый ломтик хлеба. Иногда я ем булочки и пью горячий шоколад, который делаю в микроволновке. Я не пью кофе, но обычно люди пьют кофе с молоком или чай с молоком или чёрный кофе и едят хлеб с маслом. Некоторые люди пьют смузи или сок на завтрак. Я сажусь за стол, чтобы позавтракать, прочитать газету и узнать новости. Обычно я читаю газету на компьютере или планшете. Я так же проверяю электронную почту и захожу в Фэйсбук на несколько минут. Иногда я завтракаю и смотрю телевизор в гостинной, но обычно я завтракаю на кухне. Я редко завтракаю с семьёй. Позавтракав, я ставлю тарелки в раковину или в посудомоечную машину. Это зависит от того, как рано я завтракаю. Я не развожу беспорядок на кухне. Я пользуюсь ложкой, ножом, чашкой, кружкой, тарелкой и подносом. Я так же пользуюсь практичными бумажными полотенцами. Некоторые люди варят кофе в кофеварке, а потом переливают кофе в термос, чтобы он не остыл и остальные могли выпить его позже. Я почти никогда не завтракаю в кафе или ресторане. Я предпочитаю спокойствие своего дома! После завтрака я готов к рабочему дню. Но сначала я иду в ванную, чищу зубы, пользуюсь зубной нитью и поласкаю рот ещё раз. Теперь я готов выйти из дома! Я беру свой бумажник, телефон и папку. Я проверяю все ли документы в порядке, закрываю портфель и иду за машиной.

ВОПРОСЫ 3 - НА КУХНЕ

1. Завтракаете ли вы каждый день?

2. Что вы обычно едите и пьёте на завтрак?

3. Вы готовите завтрак сами?

4. С кем вы обычно завтракаете?

5. Во сколько вы обычно завтракаете?

6. Что вам нравится есть на завтрак больше

   всего?

Russian Conversation Practice

7. Что вам нравится есть на завтрак меньше всего?

8. Смотрите ли вы телевизор или читаете что-нибудь во время завтрака?

9. Приводите ли вы кухню в беспорядок во время завтрака?

10. Где вы обычно завтракаете?

11. Какой посудой вы обычно пользуетесь во время завтрака?

12. Наводите ли вы обычно порядок после завтрака?

13. Как часто вы завтракаете с кем-нибудь?

14. Сколько времени занимает ваш завтрак?

15. Чистите ли вы зубы и пользуетесь ли вы зубной нитью после завтрака?

ДОРОГА НА РАБОТУ

Добираться на работу интересно – занимает от двадцати минут до часа, в зависимости от ситуации на дорогах. Я выхожу из дома в восемь тридцать утра, сажусь в машину, вставляю ключ в замок зажигания, завожу мотор и прогреваю машину две три минуты. Пока машина прогревается, я включаю радио, чтобы послушать новости, иногда я включаю CD и слушаю музыку. Затем я смотрю в боковые зеркала, зеркало заднего вида, чтобы убедиться, что они настроены правильно и дают полный обзор. Иногда я регулирую положение своего кресла и всегда пристёгиваю ремень. Убедившись, что мотор прогрелся, я подаю сигнал, снимаю машину с ручного тормоза, включаю первую передачу и начинаю движение. Примерно в трёхстах ярдах от моего дома я поворачиваю направо и попадаю на перекрёсток со светофором. По-моему, сигнал светофора всегда красный, потому что светофор стоит на улице, которая пересекается с главной дорогой. Обычно я стою примерно пять минут на светофоре, пока не загорится зелёный свет. Когда загорается зелёный, я включаю первую передачу и начинаю движение. На трассе ограничение скорости тридцать миль в час, но утром (в час пик) средняя скорость движения двадцать -двадцать пять миль в час. В моём городе есть много видов транспорта: велосипеды, мотоциклы, грузовики, машины, метро, автобусы и поезда.

Ещё есть яхты, корабли и даже подводные лодки, но подводными лодками может пользоваться только Министерство Обороны! Ещё есть самолёты в двух наших аэропортах и вертолёты на частной авиабазе. Лично я езжу только на машине, ну иногда, когда машина в гараже, я езжу на работу на метро или на автобусе.

Обычно в начале моего пути на работу не бывает пробок. Пробки начинаются на шоссе, на полпути в центр города. По-другому эта дорога называется трасса. Ограничение скорости на трассе пятьдесят (50) миль в час. С этой скоростью я могу доехать до работы за десять (10) минут. Всегда есть люди, которые торопятся

и превышают скорость. Если я вижу, что машина сзади мигает фарами и пытается обогнать меня, я перестраиваюсь в левый ряд и позволяю себя обогнать, потому что я уважаю правила дорожного движения. Я всегда езжу на максимальной разрешённой скорости, потому что я считаю, что так безопаснее. Иногда водители не уважают друг друга. Они мигают фарами, сигналят и орут друг на друга. Чего я только не видел по пути на работу! Я был свидетелем многих аварий: столкновения, перевёрнутые машины, сбитые пешеходы, и всё, потому что беспечные водители ездят слишком быстро. Иногда дорожная полиция останавливает и штрафует водителей, которые превышают скорость. Нарушителям выписываю штраф в следующих случаях:

- **Очень серьёзные нарушения правил – лишение прав, большой штраф и/или арест и лишение свободы.** Самые серьёзные нарушения, такие как управление автомобилем в состоянии алкогольного опьянения или наезд на пешехода и оставление места ДТП (дорожно-транспортное происшествие), караются лишением прав и свободы. К другим серьёзным нарушения относятся управление автомобилем водителем, срок действия водительского удостоверения которого истёк более чем тридцать (30) дней назад или управление автомобилем без страховки. Штраф может достигать тысяч фунтов, и полиция может конфисковать права (водительское удостоверение) и автомобиль.

- **Серьёзные нарушения – шесть (6) штрафных баллов.** Изменение направления движения или выполнение манёвра без подачи предупредительного сигнала, а так же другие серьёзные нарушения, наказывается шестью штрафными баллами и штрафом в сто двадцать фунтов.

- **Нарушения средней тяжести – три (3) штрафных балла.** Проезд на красный свет светофора, движение по автобусной полосе, игнорирование дорожных знаков или превышение скорости наказывается тремя (3) штрафными баллами и штрафом в шестьдесят фунтов. Поэтому многие люди предпочитают ездить на работу на автобусе, метро или поезде. Давайте посмотрим на некоторые преимущества и недостатки пользования общественным транспортом:

- **Преимущества** Меньше автомобилей в городах, ездить общественным транспортом дешевле и лучше для окружающей среды; уменьшение количества выхлопов углекислого газа в атмосферу.

- **Недостатки** Расписание автобусов ограничено и сервис в автобусах низкого качества. Вам придётся раньше вставать, чтобы успеть на автобус, потому что автобусы ездят медленнее. Если вы не успеете на автобус, вам придётся идти на работу пешком.

ВОПРОСЫ 4 - ДОРОГА НА РАБОТУ

1. Во сколько вы уходите из дома на работу?

2. Как вы добираетесь до работы? Каким транспортом вы пользуетесь?

3. За сколько времени вы добираетесь до работы?

4. Где вы обычно оставляете вашу машину/ ваш мотоцикл?

5. Где находится ближайшая остановка автобуса/электрички/станция метро?

6. Что вы обычно делаете, когда садитесь в машину?

7. Есть ли светофор поблизости от вашей улицы?

8. Как долго нужно ждать зелёного сигнала светофора в вашем городе?

9. Какая максимальная разрешённая скорость на главной улице вашего города?

10. Вы добираетесь до работы в час пик?

11. Какова ситуация на дорогах в вашем городе?

12. Проходит ли шоссе или трасса поблизости

Russian Conversation Practice

от вашего дома?

13. Соблюдаете ли вы правила дорожного движения?

14. Много ли вы встречаете безалаберных водителей по пути на работу?

15. Часто ли вы видите аварии / столкновения?

16. Есть ли у вас штрафные баллы? Что вы нарушили?

17. Как часто вы заправляете машину бензином?

18. На каком топливе ездит ваша машина?

19. Сколько стоит литр бензина/дизельного топлива/этанола в вашем городе?

20. Сколько стоит билет на автобус/электричку/метро в вашем городе?

21. Что вы думаете об общественном транспорте в вашем городе? А что о частном транспорте?

НА РАБОТЕ

Первое, что я делаю, когда приезжаю в офис – это ищу место чтобы припарковать мою машину. Когда мне не удаётся найти место для парковки, мне приходится парковать машину на улице или на частной автостоянке. Парковать машину на улице очень дорого. Поэтому я приезжаю на работу рано, чтобы найти место на парковке компании. Я выхожу из машины, запираю дверь и поднимаюсь на лифте на пятый этаж, где находится офис компании. Я работаю в компании ABCD LTD. Я менеджер по продажам и это очень ответственная работа. ABCD LTD – ведущая компания на рынке разработки и производства программного обеспечения.

Когда я вхожу в офис компании, я первым делом приветствую моих коллег. Я работаю с командой из десяти менеджеров по продажам. Когда я прихожу в свой офис, я сажусь, включаю мой компьютер и просматриваю документы, скопившиеся на моём рабочем столе. Пока компьютер загружается, я просматриваю свой ежедневник. Когда компьютер готов к работе, я вхожу в локальную сеть компании. Для этого я ввожу

Russian Conversation Practice

своё имя и пароль на странице сети. После того, как я вхожу в сеть, я проверяю свою электронную почту и просматриваю дела на текущий день. Я делаю звонки в другие компании, назначаю встречи и организую встречи с клиентами. Я так же отвечаю на имейлы и организую обучение моих коллег. Я очень занят на работе; я всегда должен быть готов решать проблемы! Я решаю много проблем каждый день. Я веду переговоры с компаниями и организую покупку услуг. Я провожу презентации, а время от времени езжу в командировки в другие города и страны.

В двенадцать тридцать я иду обедать. Обычно я хожу обедать в ресторан недалеко от офиса компании. Обычно я ем фасоль, рис, жаренный или печёный картофель и курицу с помидорами и зелёным салатом, а иногда капустный салат с морковью, огурцами и овощами. Это меню из ресторана:

Основные блюда	Десерты	Наполнители для тортов
рис	мороженое в ассортименте	сливки
капустный салат, зелёный салат и картофельный салат	фруктовый салат	сладкое молоко
баклажаны и овощи	пудинг	гуава
картофель фри	сезонные фрукты	персик
курица по-строгановски или бефстроганов	муссы	клубника
стейк на гриле	другое	маракуйа
сырный пирог или ветчина и сыр		ананас
рыба на гриле		слива
куриная грудка на гриле		арахис
		кокос

Обычно мой обеденный перерыв продолжается час. Обычно я обедаю тридцать минут. После обеда я возвращаюсь в офис. Я хожу в ресторан и из ресторана пешком, потому что это недалеко, и я пользуюсь случаем, чтобы размяться и подышать свежим воздухом. Когда я прихожу в здание офиса, я не пользуюсь лифтом, а поднимаюсь по лестнице пешком, чтобы получить дополнительную нагрузку. Когда я возвращаюсь к своему столу, у меня обычно есть минут десять

до начала работы. Иногда я читаю книгу или захожу в Фэйсбук, а иногда болтаю с коллегами. Я так же захожу в туалет. Иногда, если накануне ночью я лёг спать поздно, я умываюсь, чтобы взбодриться перед тем, как вернуться к работе. Я проверяю свою электронную почту, делаю звонки, отправляю имэйлы, занимаюсь стратегическим

планированием и обдумываю задачи на текущий

день и неделю. Иногда я делаю перерыв, чтобы сходить в туалет или попить воды. Есть люди, которые делают перерывы, чтобы покурить или выпить кофе или чай и т.д. Я обычно пью воду, сок или газировку. Так проходит мой день, когда я работаю в офисе. Раз в неделю я езжу к клиентам.

Примерно за полчаса до конца рабочего дня, я готовлюсь к завтрашнему дню, планирую дела на завтра и привожу свой рабочий стол в порядок. Когда я заканчиваю работу, я встаю, открываю свой портфель, кладу в него всё, что мне нужно взять домой, выключаю компьютер и иду к выходу, по пути прощаясь со своими коллегами. На выходе, перед тем, как зайти в лифт и спуститься на парковку, я подношу свою карточку-пропуск к считывателю на турникете. Я сажусь в машину; перед тем, как сесть в водительское кресло и поехать домой, я кладу свои вещи на заднее сидение.

Время от времени я подвожу кого-нибудь из коллег, которым по пути со мной. В пять часов начинается час пик. Много людей выходит с работы в одно и то же время. Я очень хорошо знаю город, поэтому я выбираю объездные пути через West End, а не выезжаю на шоссе. Поэтому я попадаю домой раньше. Но иногда на объездных путях тоже пробки, в такие дни я приезжаю домой позже.

ВОПРОСЫ 5 - НА РАБОТЕ

1. Во сколько вы приезжаете на работу?

2. Где вы обычно оставляете свою машину?

3. Где вы выходите, когда добираетесь на работу на автобусе/электричке/метро?

4. Есть ли парковка возле офиса вашей компании?

5. Всегда ли вы можете найти место на офисной парковке?

6. Оставляете ли вы машину на улице или на частной парковке?

7. Запираете ли вы двери и закрываете ли окна, когда выходите из машины?

8. На каком этаже находится офис вашей компании?

9. Нужно ли вам подниматься на лифте или вы предпочитаете ходить по лестнице?

10. Где вы работаете?

11. Что вы делаете на работе?

12. Чем занимается ваша компания?

13. Сколько часов в неделю вы работаете?

14. Со скольки до скольки вы работаете?

15. Сколько дней в неделю вы работаете?

16. Что вы делаете первым делом, когда приходите в офис?

17. Сколько звонков вы делаете в среднем каждый день?

18. Сколько имэйлов в среднем вы отправляете и получаете каждый день?

19. Есть ли в вашей компании локальная компьютерная сеть?

20. Как часто вы ходите на собрания?

21. Ездите ли вы в командировки?

22. Трудная ли у вас работа?

23. Много ли проблем вам приходится решать?

24. Во сколько ваш обеденный перерыв?

25. Вы приносите обед из дома или обедаете в кафе?

26. В каком ресторане/кафе вы обычно обедаете?

27. Как вы обычно добираетесь до места, где вы обедаете?

28. Нравится ли вам еда там, где вы обедаете?

29. Какой выбор блюд в ресторане?

30. В какое время обедают в вашем городе?

31. Что вы обычно едите и пьёте на обед?

32. С кем вы обычно обедаете?

33. Во сколько вы обычно обедаете?

34. Что вам нравится есть на обед больше всего?

35. Что вам нравится есть на обед меньше всего?

36. Читаете ли вы что-нибудь или смотрите телевизор во время обеда?

37. Как быстро вы обедаете?

38. Чистите ли вы зубы после обеда?

39. Во сколько вы возвращаетесь в офис после обеда?

40. Что вы делаете на работе после обеда?

41. Делаете ли вы перерыв, чтобы выпить кофе/чай/воду, сходить в туалет, выкурить сигарету или отдохнуть?

42. Во сколько вы заканчиваете работать?

43. Вы когда-нибудь работаете сверхурочно?

44. Подвозите ли вы кого-нибудь до дома? Подвозит ли вас кто-нибудь до дома?

45. Какова ситуация на дорогах, когда вы едете с работы домой?

46. За сколько времени вы доезжаете до дома?

ВЕЧЕРОМ

Когда я приезжаю домой, я ставлю машину в гараж и иду в свою комнату, там я снимаю костюм и сразу иду в ванную комнату, чтобы принять ванну. После ванны я надеваю повседневную одежду, и я всегда ношу тапочки, потому что у меня паркет, а от хождения по паркету босиком трескаются пятки.

Вечером почти всё время я провожу в гостиной со своей семьёй. Люди, которые учатся вечером, в это время обычно ходят на уроки в колледж или университет. Но так как я больше не учусь, мне не нужно волноваться о таких вещах. Но мне нравится узнавать что-то новое, поэтому я занимаюсь, обычно это что-то связанное с моей работой.

В гостиной мы рассказываем друг другу, как прошёл день. Потом моя мама идёт на кухню готовить ужин, и пока она готовит, остальные члены семьи смотрят телевизор, обычно это какой-нибудь фильм, документарный фильм или что-нибудь ещё. Когда ужин готов, мы садимся за стол, едим и пьём. После ужина я помогаю маме, ставлю посуду в посудомоечную машину. Пока я занят этим, мой отец подметает и пылесосит полы, а моя мама приводит в порядок кухню и гостиную. Мои братья выносят мусор; мы все помогаем. У нас дружная семья! Мы редко ссоримся или спорим. Скоро я собираюсь переехать из родительского дома и жить один; я собираюсь купить квартиру. Я буду скучать по своей семье, и я буду приезжать к ним каждые выходные.

Позже вечером я звоню друзьям; мы болтаем и строим планы на выходные. Потом я иду в свою комнату, включаю свой ноутбук и разговариваю с друзьями, которые живут в разных частях света по Скайпу. Я ложусь спать в 11 (одиннадцать) часов вечера. Я засыпаю не сразу; я лежу в кровати, читаю книгу или журнал, а потом засыпаю. Иногда я просыпаюсь, потому что забыл выключить свет. Я встаю, выключаю свет, произношу молитву и завожу будильник. Иногда я вижу хорошие сны, а иногда мне ничего не снится. Члены моей семьи рассказывали, что иногда я говорю во сне, но я не лунатик. Иногда я просыпаюсь ночью, чтобы пописать или попить воды. Это двадцать четыре часа моего дня!

Russian Conversation Practice

ВОПРОСЫ 6 - ВЕЧЕРОМ

1. Где вы обычно оставляете машину, когда приезжаете домой?

2. Что вы делаете первым делом, когда приходите домой?

3. Как часто вы проводите время с вашей семьёй в гостиной?

4. Как часто вы смотрите телевизор все вместе?

5. Учится ли кто-нибудь в вашей семье по вечерам?

6. то члены вашей семьи делают дома вечером?

7. Посещаете ли вы семинары, связанные с вашей работой?

8. Ужинаете ли вы вместе с вашей семьёй?

9. Что вы обычно едите и пьёте на ужин?

10. Во сколько вы обычно ужинаете?

11. Что вам нравится и не нравится есть на ужин?

12. Смотрите ли вы телевизор во время ужина?

13. Как быстро вы ужинаете?

14. Чистите ли вы зубы после ужина?

15. Кто в вашем доме наводит порядок после ужина?

16. Кто моет, вытирает и ставит посуду на место?

17. Что ещё вы обычно делаете после ужина?

18. Во сколько вы обычно ложитесь спать?

Russian Conversation Practice

19. Сидите ли вы в интернете или разговариваете с друзьями по интернету?

20. Читаете ли вы обычно перед сном?

21. Что вы читаете?

22. Заводите ли вы будильник?

23. Сразу ли вы засыпаете?

24. Сколько часов в день вы обычно спите?

25. Страдаете ли вы от бессонницы?

26. Разговариваете ли вы во сне?

27. Вы лунатик?

28. Как часто вы помните, что вам снилось?

29. Просыпаетесь ли вы ночью, чтобы сходить в туалет и/или съесть что-нибудь?

Russian Conversation Practice

VERB LIST

Руссиан	English
открывать	_____
зажигать	_____
иметь доступ	_____
случаться	_____
просыпаться	_____
планировать	_____
помогать	_____
обедать	_____
смягчать	_____
гуляіь	_____
выключать/выключить свет	_____
удалять	_____
ловить поймать	_____
нажимать	_____
затягивать	_____
обращаться	_____

Russian Conversation Practice

поддерживать _____

воспользоваться _____

жечь _____

организовать _____

смотреть _____

переехать, наехать _____

бить разбить _____

поболтать _____

пить выпить _____

зевать _____

ссориться _____

сигналить _____

надевать/носить туфли _____

переворачивать _____

прибывать _____

сталкиваться _____

класть положить _____

комбинировать _____

начинать начать _____

съесть _____

Russian Conversation Practice

покупать _____

мочь _____

состоять из _____

выделить подчёркивать _____

разговаривать _____

порезаться _____

привык _____

здороваться _____

давать дать _____

посмотреть _____

ложиться/лечь спать _____

уходить _____

задерживать _____

зависть _____

спускаться _____

развивать _____

тратить _____

просыпаться _____

ненавидеть _____

ждать _____

Russian Conversation Practice

растянуть _____

парковать _____

быть _____

спешить поспешить _____

заниматься _____

избегать избежать _____

существовать _____

производить _____

без десяти _____

делать _____

молиться, произносить _____
молитву
закрывать _____

останавливать _____

полоскать горло _____

нравиться _____

увлажнять _____

начинать _____

идти _____

обедать _____

Russian Conversation Practice

стирать   _____

вставать встать   _____

брать взять   _____

завести машину   _____

чистить,   _____

заполнять   _____

маневрировать   _____

хранить   _____

отмечать отметить   _____

мочить   _____

жить   _____

менять   _____

договариваться   _____

Происходить,   _____
произойти
предлагать   _____

рганизовать   _____

слушать   _____

останавливать(ся)   _____

участвовать   _____

Russian Conversation Practice

гладить одежду   _____

брать   _____

расчесывать   _____

наносить парфюм   _____

позволить   _____

планировать   _____

обращать   _____

нуждаться   _____

предпочитать   _____

готовить приготовить   _____

быть свидетелем   _____

искать   _____

программировать   _____

воспользоваться
схватить   _____
расслабиться   _____

представлять   _____

решать решить   _____

отвечать ответить   _____

сохранять   _____

Russian Conversation Practice

возвращать _____

пересматривать _____

знать _____

уходить уезжать _____

сидеть _____

служить _____

сигнализировать _____

подниматься _____

пачкать испачкать _____

звонить _____

иметь _____

закончить _____

удалять _____

становиться _____

работать _____

торговать _____

запирать _____

обгонять _____

стандартизировать _____

использовать, _____

Russian Conversation Practice

пользоваться   _____

подметать   _____

победить   _____

видеть увидеть   _____

проверять   _____

надевать/носить
одежду   _____
одеваться одеться   _____

путешествовать   _____

поворачивать   _____

посещать   _____

возвращать вернуть   _____

кричать на кого-нибудь   _____

сознавать   _____

арестовать   _____

потягиваться   _____

показывать   _____

помнить   _____

Printed in Great Britain
by Amazon